LA NOCHE QUE NO TUVO AMANECER

Oscar Mieses

Prólogo

La noche que no tuvo amanecer, es una novela corta con la que el escritor se estrena en este género. Le surge de los poemas escritos del otoño y sus poemas románticos y las denuncias sociales en estos tiempos de pandemia como un poeta que trata de ser parte de la voz de los oprimidos. En sus viajes soñados por Estambul, Ginebra, Ámsterdam y Canadá pretende llevarnos a de manera ilusionada vivir esos lugares.

Enamorar la naturaleza del otoño, sus hojas de bellos colores como los siete colores del espectro del sol. La moda para la temporada con la elegancia de su descripción. Es una invitación al buen vestir y al disfrute de la vida "entre amigos". las bondades de la vida.

Narrar situaciones verosímiles y conectarla a realidades es posiblemente lo logrado en pocas páginas y pocos personajes de una novela corta. Es un espejo a las realidades pasadas y un presente que golpea a la humanidad. Los pueblos latinoamericanos tendrán 90 millones de habitantes que la pandemia arrastra a la pobreza y muertos y contagiados en cifras que no serán reales.

La noche que para muchos no amanecerá debe ser el grito de rebeldía contra los responsables de nuestros males. La esperanza debe mantenerse verde aún unos pocos traten de que cambie de color.

"ENCUENTRO DE AMIGOS"

La noche que no tuvo amanecer.

Una tarde de octubre de 2020, comienzo de la temporada de otoño con brisas otoñales normales para la época ,las hojas de los árboles que habían cambiados a bellos colores como el espectro del sol. Fuertes vientos en la noche anterior habían despojado de sus hojas a los árboles perdiendo sus colores y en el huésped del parque que era nuestro refugio de nuestros encuentros amorosos adornaban el suelo como alfombras persas con sus hojas caídas . Las rosas aún no están muertas por los cambios de las temperaturas. Días cálidos y noches frías. Sus pétalos y hermosuras el rocío le daba vida para atraer ojos humanos y enamorados que obsequiaba por miles de razones y principalmente los enamorados que en sus conquistas hacían de sus bellezas su expresión de amor.
Los bancos del parque mojados por las ligeras lloviznas y otras veces por el rocío de la madrugada de pies nos mantenía esperando que cayera

el atardecer con tiernas palabras de amor. El ocaso del sol que no pudo detener la rotación de la tierra que atravesó el plano del horizonte para dar lugar a su invisibilidad. Con sus siete colores del espectro el sol se despide con su color rojizo y singular como se visten los árboles de espectaculares colores en la carretera 84 de Connecticut, "Land on long tidal river" (Aterrizar en un río de marea larga"). Como es llamado también este Estado de Los Estados Unidos de América. Tierra de Samuel Colt, el famoso de los revólveres Colt. Los revólveres que nos recuerdan los vaqueros del oeste. Cuando en las películas sólo aparecían pocos personajes y siempre la trama era el asalto a la carreta cargada de oro y los asaltos a los bancos. Uno de los errados mensajes fue el maltrato a las mujeres, que siempre salían como prostitutas en las películas del oeste. Los movimientos feministas no han denunciado esos atropellos morales. ¿Quién no vivió esas leyendas en los 60 y 70?

Cómo el espectro de los colores del ocaso del sol recibimos la noche. Es como recorrer las letras del poema:

"El Otoño"

Como un testimonio maravilloso de
pasar del tiempo.
¡Llega el otoño!

Como una juventud poco vivida,
un libro fascinante que termina;
un corto amor cohibido.
Eres otoño de mi vida.
Una muerte lenta, apegada a la
vida.
Así van perdiendo las rosas los
pétalos, colores y lozanía.

Como un pavo real;
parques y bosques
exhiben alegrías.
pintores y fotógrafos
impresionan tu naturaleza,
colores, lluvias y neblinas.

El invierno con su asecho ,
cercena tu belleza, las bufandas,
boinas,
un buen café. Apasionadas lecturas,
y visitas a un buen bar son las
melancolías.

Otoño de enamorados,
que corta tu estadía.
Mantos de hojas marchitas.

Hacen mi bohemia, un canto a la
vida.

Del libro: Versos para una flor II.
Páginas 52 y 53
De: Oscar Mieses.

Ella (Angie) vestida otoñal: con
boina, traje de lana ligera, bufanda y
botas de la temporada, jacket de
cuero. Labios ligeramente pintados y
el último perfume de Coco Channel
(Mademoiselle) que la brisa ligera lo
esparcía a distancia de todo el
entorno, embriagando mi olfato; así
como su presencia me enloquecía y
me llevaba a la época de oro de
Hollywood, recordándome las bellas
actrices como la italiana Sofia
Loren…Greta Garbo que todo tantos
hombres con su belleza pusieron a
soñar o la bella norteamericana
Elizabeth Taylor y más aún la
coqueta Marilyn Monroe. Me hizo
viajar por el "Oriente Express"...vivir
en Casablanca de Marruecos y
también en el bar habanero "La
Floridita" donde vivió Ernest
Hemingway sus bohemias con tanta
pasión.

El (Emiliano) vestido al estilo Carlos Gardel: con traje gris charcoal, zapatos italianos, sombrero gris y bufanda al estilo francés...su toque de elegancia y su manera de gesticular lo hacían la atracción de los transeúntes que usan esa vía del parque para a sus hogares regresar de una larga jornada de trabajo. La impresión que ambos proyectaban no era de la gente de a pie que con regularidad transitaban el parque. Al cruzar del parque el bar estaba en la esquina del extremo izquierdo que por más de 40 años estaba establecido en el mismo lugar. La música de jazz, Bossa nova y Blues. Una cocina internacional única. Un bar muy acogedor y por lo general visitado por conocidos regularmente. La decoración del lugar era muy sencilla, pero tan acogedora que era difícil uno quererse ir y quienes visitaban por primera vez el lugar de seguro se convertían en asiduos visitantes. A las seis de la tarde empezaba el "after hour", te tomabas un trago, una cerveza, una copa de vino y la siguiente era gratis. Emiliano ya conocido por su brandy favorito "Gran Duque de Alba", a Angie su Martini o su copa de vino argentino "Cruz Alta" o cualquier vino de calidad que por lo general se encontraban con algún amigo que la quisiera distinguir y se tomara la libertad de elegir su vino favorito. Era el comienzo de la prima noche. Las noticias se convertían en temas de discusiones. Los comensales en sus lugares favoritos. Creámoslo o no. Así como tenemos un lugar favorito en nuestras casas en la mesa del comedor, en la sala y hasta en nuestra cama. Así mismo sucede en los restaurantes o bares que visitamos con frecuencia. Una manía quizás. Psicológicamente es una realidad. Hay un estudio hecho en los cines norteamericanos donde los negros y los latinos se sientan en un área y los blancos en otra de manera mecánica. Sin ser un rechazo en sí al color de la piel, ni a las razas.

Disfrutaban los suculentos platos gourmets, las tapas e igualmente sucedía con los amantes de deportes o los políticos que se reunían en el costado izquierdo del bar, los políticos y a la derecha los amantes de los deportes.

Tomadores de cogñac, brandy, whisky, ron, vinos . Los cerveceros que siempre discutían sobre las

calidades de las cervezas alemanas,
las americanas, las mexicanas . No
tomaban en cuenta la "Presidente"
dominicana. Una auténtica Pilsener
catalogada como una de las mejores
del mundo. Los alemanes por ser
los mejores cerveceros no entraban
en la discusión. Los propietarios que
llevaban más de 40 años de
propietarios eran muy amables al
igual que sus hijos que empezaban
a ser el relevo. Una de sus hijas
(Amy) de cabellera rubia, parecía
una auténtica representante de la
mujer irlandesa, de ojos azules tan
bellos que no había quien no dijera
algo. Muchas veces se mostraba
tímida, pero era una bella persona.
A sus clientes les recordaba por sus
nombres y les preguntaba hasta por
los familiares especialmente por los
niños . Recordaba los platos
favoritos de cada uno de ellos.
Siempre ofrecía algo extra. Algo que
heredó de su padre (Mr. Patrick)
que era un gran negociante. Era la
manera de hacer crecer el negocio
anualmente por lo menos un 10%.
Así la había entrenado. Muchos le
decían con jocosidad: Si me dejas
ver tus ojos te permitiré doblar el
precio de la cuenta y ella disque
considerada les ofrecía unas tapas

extra...así transcurría la tertulia del bar que terminamos cambiándole el nombre por : "Encuentro de Amigos". Un verdadero lugar de amigos.

Las horas en este lugar parecían no transcurrir. Vivíamos varias vidas sin darnos cuenta.
Era el espacio de vida que elegíamos para apartarnos de lo tóxico. La situación de la pandemia, la situación económica, la criminalidad, las drogas, etc. Entre degustar una buena cena, bebidas a elegir y conversaciones que eran interminables, pasaba el "after hour" y continuábamos sin preocuparnos del monto de la cuenta. Lo más importante era disfrutar el ambiente porque la vida es una sola...nada nos llevamos al morir y sólo dejamos entre los amigos y familiares los recuerdos que como los hechos históricos dejan huellas en los pueblos. Así son nuestras anécdotas, las vivencias de nuestra niñez, juventud, de adultos y en la vejez sentados en un desván o acostados en una cama que los nietos nos arropan. Para escuchar sabios consejos. Reiterando el dicho

de que: "el diablo no sabe por diablo sino por viejo".

Como punto de partida el parque fue nuestro sitio de encuentro y el bar que le denominamos "Encuentro de amigos" donde fue el refugio de la prima noche, del comienzo de los tragos, conversaciones, cenar y disfrutar la buena música del lugar. El jazz es una música contagiosa; en varias ocasiones la pareja se levantó de sus asientos para ir hasta los músicos y disfrutar de cerca. Cuando tocaron el Bossa Nova de Tom Jobin "The girl from Ipanema" (la chica de Ipanema) un himno en Brasil y a nivel mundial. Quienes la escuchan vibran de la emoción. La belleza de esta pieza musical con la gracia de una composición poética, un idioma (portugués) de atracción acústica. Una música que transporta a las olas de la playa de Arpoador de Ipanema. Llevándonos hasta el Fuerte de Copacabana para idealizar la chica de Ipanema paseándose por la playa con su gracia, crea un mundo de belleza a su tristeza y soledad que desaparecen con su ritmo al caminar. En las favelas de Brasil es donde habita la pobreza, la desgracia humana. Se acentúa la división de clases. Pero la pobreza, la marginalidad no son sinónimo de que las mujeres no sean bellas, graciosas como describe Tom Jobin en su canción a esa chica. Ser víctima del sistema que como humano nos toque vivir nunca implica ser ladrón, menos inteligente o un parásito en la sociedad. Brasil como todos los pueblos latinoamericanos por su sometimiento a la voluntad del imperio tienen su chica de Ipanema. Con esa canción el pretendiente a poeta le dice un bello verso a ella (Angie): "las aguas del Ipanema como el verde de tus ojos al surfie de tu corazón me invitan conquistar". Angie con su ternura le acarició el rostro. Los músicos siempre tocaban algunas piezas musicales latinas. El saxofonista de origen dominicano y amante de sus raíces tocaba a la perfección las canciones más famosas de República Dominicana. Se emocionaba cuando tocaba: "Por Amor" del maestro Rafael Solano. Emiliano ya emocionado y como dirían en buen castellano: Más enamorado que un perro. Le dijo al saxofonista (Joey): podemos hacer la canción del Doctor Manuel

Sánchez Acosta, "Paraíso Soñado".
Claro, claro que sí. Emiliano con voz
romántica le dijo a Angie: aunque no
la escribí, te la dedico con todo mi
amor.

"Paraíso Soñado"

Del capullo de una rosa sutil
al nacer un claro día de abrir
ha brotado esta canción para ti
llena de inspiración.

Paraíso embriagador eres tú paraíso
encantador que soñé
todo lleno de ternuras y amor
para mi corazón

Eres algo que soñé en mi vida
como una ilusión querida
que ha nacido para mi

Sueño, sueño con tus lindos ojos
que quiero ver a mi antojo
para poder vivir

Dame un poquito de tu amor
dame un pedacito de miel
déjame asirte con fervor para
la gloria poseer

Nunca, nunca dejare de amarte
nunca, nunca de tenerte
en mi corazón, mujer…

(bis)
Dame un poquito de tu amor
dame un pedacito de miel
déjame asirte con fervor
para la gloria poseer

Nunca, nunca dejaré de amarte
nunca, nunca, de tenerte
en mi corazón mujer.

Con esa canción Angie se
enloqueció y Emiliano le cantó de
nuevo: Sueño, sueño con tus lindos
ojos que quiero ver a tus antojos
para poder vivir. Hasta aquí llegó la
felicidad y el disfrute de la noche
que venía ofreciendo. Uno de los
clientes que se dirigía al baño
posiblemente ya ebrio, drogado,
quién sabe. Le dijo a Emiliano: "no
sea ridículo. Tú crees en las
mujeres. Todas son iguales. No te
dejes engañar. Ahora está contigo y
mañana bien con el otro y con el
otro. Emiliano enemigo de la
violencia le pidió que se retractara
de lo dicho y que se retirara de su
presencia. El superhombre se le
acercó y le dijo: tú no sabes quién

soy yo, estúpido. Emiliano le reitero que se alejara para evitar consecuencias. Y el imbécil repitió lo dicho anteriormente. Emiliano lo empujó y para su desgracia cayó golpeándose en la cabeza provocándole una contusión dejándolo sin señales vitales. Rápidamente todos se alarmaron. Era inusual acto de violencia en el lugar. Alguien llamó la ambulancia y unos minutos después llegaron a gritos de sirenas los bomberos, paramédicos y la policía. Todos con asombro observaban como la situación se complicó. Dijeron que tenía una contusión cerebral sin antes tener un estudio de MRI. La policía en su breve interrogatorio pretendió ser eficiente y decidió llevarse a la pareja al cuartel de la policía (precinto) sin antes interrogar al propietario del establecimiento, empleados y varios de los clientes que se mantenían aún en el restaurante. Amy, la hija de Mister Patrick el dueño, lloraba. Había sido testigo directo del incidente. El sargento que había recibido la llamada del incidente era insistente en sus interrogatorios. Pensaba que el problema venía por otras razones. La policía tenía información de que el lesionado era un narcotraficante del área. De ahí su altanería en decirle a Emiliano que él no sabía quién era él. El sargento insistió preguntando si alguien conocía al lesionado. Cerraron la entrada del establecimiento y estuvieron interrogando mesa por mesa a todos...era como si el tiempo se hubiera detenido. Camino al cuartel de la policía le decían a la pareja que estaban metidos en un problema serio. Si ese intruso moría sería una cárcel por años para Emiliano. Si tenía daños cerebrales, las demandas serían tan grandes que perdería todos sus bienes y si era que no tenía nada, tendría que trabajar toda su vida para pagar los daños. En caso de que la suerte le acompañara o tuviera padrinos allegados al presidente. Qué si eran creyentes les rezaran a sus santos. Pues Dios estaba muy ocupado y no los escucharía. Ellos cada vez más tensos. Los nervios los estaban matando. Fueron muchas las burlas de que fueron víctimas. Al llegar al cuartel policial eran vistos con extrañeza. Sus maneras de vestir. Por lo general quienes iban presos eran personas de vida paupérrima: drogadictos, ladrones de carteras, celulares, casos de violencia doméstica o enfrentamientos entre gangas. Uno de los detectives más corrupto y criminal de la institución los esperaba para interrogarlos. Era el que más dinero conseguía con los narcotraficantes y criminales. Era temido por haber asesinado sin piedad a varias personas en interrogatorios. En el precinto tenían una habitación que la llamaban el gallinero. Los hombres con fama de guapetones cuando eran sometidos a los golpes del interrogatorio se convertían en gallinas de cobardes. De ahí el nombre, pues se dice que las gallinas son cobardes. Más cobardes eran esos policías que a hombres esposados golpeaban. Y abusan de uniforme, de esa licencia para que cometan maltratos a civiles. Robos, crímenes, en los famosos enfrentamientos de delincuentes con policías, ese capitán era uno de los criminales de los crímenes extrajudiciales que nunca era condenado. Era de estatura mediana y cuerpo fuerte. Tenía una esposa con tres hijos: dos mujeres y un varón. Su hijo era un joven ejemplar que se avergonzaba de su padre por su fama de despiadado y corrupto. Ese quien los recibió diciéndole: ¿usted fue el criminal que mató a ese pobre hombre? Cómo contestó Emiliano con el corazón en la boca. En seguida le dijo: yo necesito hacer una llamada. Esa llamada será después del interrogatorio le respondió el capitán. Esta usted violando mis derechos le contestó con el carácter heredado de su abuelo. Yo no me someteré a interrogatorio hasta que mi abogado y mi familia esté aquí. Y quién te crees que eres. Tú acabas de matar a un hombre. Eres un criminal. Era la manera de extorsionar de este capitán corrupto.

Mister Patrick se apersonó al cuartel policial y con su carácter de irlandés preguntó dónde se encontraba la joven pareja que habían detenido en su establecimiento. Un sargento de unos seis pies y tres pulgadas de altura y unas 230 libras. Ojos azules de esos que las miradas molestan de tan azules. Le respondió: Mister Patrick estoy a sus órdenes. usted seguro no me recuerda. Estuve de patrulla por tres años en su neighborhood (barrio), nunca olvido sus afables tratos conmigo y mis compañeros de patrullajes. Por favor, que no salga de nosotros. Ese capitán que los está interrogando es un extorsionador. Está tratando de desesperarlos para sacarles dinero. Mr. Patrick enseguida le preguntó : ¿mi primo el lieutenant (teniente, que era el segundo en mando del precinto) se encuentra? Con lenguaje militar le respondió: No Sir. no señor. Dígale al capitán que los interroga que yo deseo hablar con él ahora mismo. El genio de mecha corta irlandés ya le había salido a Mister Patrick.

El capitán Gallagher, con voz nerviosa saludo a Mister. Patrick, good night Mr. Patrick. (Buenas noches), good night Capitán. En seguida le dijo el capitán Gallager: en qué puedo servirle Mr. Patrick. Capitán, nos conocemos por más de 30 años. El capitán seguido respondió: sí, claro que sí. Dígame en qué puedo servirle. Mister Patrick le dijo: espero que usted no le haga de esta noche una pesadilla a esos jóvenes. Yo nunca abandono mi negocio por problemas de clientes. entiéndase bien. Esos jóvenes son personas decentes y no voy a permitir maltrato policial, ni interrogatorio indebido. ¿Qué está usted insinuando? No le estoy insinuando. Le estoy advirtiendo. El capitán le contestó: ¿insinuando, insinuando a quién? ¿Usted olvida mi rango, que soy un oficial de la policía Mister Patrick? No olvido su rango...sólo recuerdo su trayectoria policial. ¿De qué historial policial usted está hablando? ¿Sabe que puedo detenerlo y demandarlo por su acusación? Mister Patrick le dijo con su rosáceas más rojas que nunca. Tenga mucho cuidado conmigo. Te lo voy a decir en parsimonia: si mi primo no te somete al orden o te separa de las filas de la policía. Te voy a denunciar con el Internal affairs (departamento de la policía que investiga el comportamiento de los agentes policiales). El capitán Gallagher, sin vacilar le respondió: hágalo...ahí está el departamento. Vaya ahora mismo y verá lo que nunca en su vida ha visto. Una pregunta Mister Patrick. ¿Tu hijo nunca ha estado metido en problemas? Sería penoso que por estarte metiendo en lo que no te importa tu familia se vea en problemas y hasta pierda tu negocio. Le dio la espalda y regresó a la habitación de interrogatorio. Quienes pagaron la discusión que le agrió la vida fueron Angie y Emiliano. Les dijo: porque ustedes perdieron su tiempo en un restaurant de baja categoría, donde los clientes son delincuentes, al igual que los dueños. Debieron irse mejor a un motel. Emiliano se paró enfurecido y le dijo : mida sus palabras y comentarios irrespetuosos y su mentalidad tan sucia. Angie es una joven decente. Si su hija es de ese tipo de joven mi novia no lo es. Le dijo para herirlo por su ofensa. El capitán enfurecido le dijo que se estaba buscando que le sacara todos los dientes a sangre fría.

Nunca habían vivido tan amarga experiencia. Ni siquiera parecida. Era una verdadera pesadilla. El mundo se les derrumbaba en sus cabezas. Una llamada al capitán lo hizo salir de la habitación del interrogatorio. La salida del capitán les dio un respiro. Se abrazaron y Angie entre sollozos le dijo: ¿cómo saldremos de esto? por mi culpa ahora estás metido en este problema. Fue a mí que ofendió y por querer defender mi moral te metiste en este problema. Me preocupa que dirá tu madre cuando se entere. Tu abuelo es diferente, es más comprensivo, pero no es una persona de quedarse con los brazos cruzados cuando le tocan a su familia. Angie le dijo a Emiliano. Por favor, mucho cuidado con decirles el trato que nos ha dado el capitán. De seguro que tienen problemas serios con él . Tu abuelo solo tiene sus años para contar sus experiencias. Dijo Angie. Su larga vida que superan sus años cronológicos, pero se siente con fuerza de joven para todo.

Los otros días fui buscándote y como siempre él estaba leyendo o escribiendo, siempre está haciendo algo. Lo vi riéndose solo. Cuando me acerqué vi que leía un libro voluminoso que como lo tenía abierto no podía verle el título. Le pregunté, Don que está leyendo que ríe solo. Sabes lo amable que es él. Seguido se puso de pie y me dijo: mi hija, cada día está más bella. Déjame decirte que me he puesto enemigo de todo el mundo allá arriba. Sabes que este coronavirus está acabando con la gente de mi edad y más si somos pobres. Los jóvenes por incrédulos ahora también se los está llevando. Yo me he comprado un traje, camisa, corbata y hasta zapatos para tus bodas. Es decir, en otras palabras.

Aunque me llame de allá arriba el barbudo, no me iré hasta no vivir esa experiencia de verlos casados. Si me dan un chance hasta mi biznieto alcanzo a tener en mis brazos. Voy a ver como firmo un contrato hasta los 85 años. Eso sí. Si estoy fuerte y no dependo de nadie. Un viejo que haya que limpiarlo es una carga muy pesada para mis hijas. Pues contestando a tu inquietud, estoy leyendo una novela. Bueno, así la titularon. "Los que comulgaron con el corazón limpio", es sobre una historia que un día tendrán que darles el valor histórico a esos valiosos compañeros. Amaury German Aristy, Virgilio Perdomo, Ulises Cerón Polanco, Bienvenido Leal Prandy fueron hombres pro-patria. Eberto Geordano Lalane José fue el más increíble por sus condiciones. No fue de Los Palmeros en sí, pero estuvo entrenando con ellos. Fue el lugarteniente de Caamaño . Tratando poner una bomba en el Palacio de Justicia de Ciudad Nueva, la que le fuera imposible colocar, tuvo que regresar a su casa y tratando de desactivarla le explotó perdiendo la mano izquierda, el ojo derecho, parte del antebrazo, cuatro

dedos de la mano derecha y la cara
en parte deformada y del pecho.
Cuando apenas tenía 17 años. Esa
bomba la recibió de la mano de
Bienvenido Leal Prandy (La Chuta) y
dirigente del Catorce de junio 1j4,
como protesta por la muerte del líder
más grande de República
Dominicana Manuel Aurelio Tavarez
Justo (Manolo). Esos jóvenes
tuvieron el valor que podríamos
decir que desde niños abrazaron el
camino revolucionario. Se enrolaron
en el movimiento de liberación
nacional contra la dictadura de
Trujillo en el Catorce de junio 1j4.
Amaury que era un niño podríamos
decir, pues tenía solamente 18
años. Peleó en la Revolución de
abril de 1965. Participó en el asalto
a la fortaleza Ozama y el asalto al
Palacio Nacional de donde salió
herido en una pierna. Fue de los
entrenadores en la escuela de
entrenamiento 24 de abril. Antes de
la revolución fue un destacado
dirigente estudiantil de la Unión de
Estudiantes Revolucionarios (UER).
podríamos decir que después de
Manolo Tavarez Justo es el
revolucionario de la trayectoria más
limpia y consagrada en las luchas
revolucionarias por un futuro mejor

para la República Dominicana. Otros de sus méritos fue ocupar el lugar del Che Guevara en La Organización para la liberación de los pueblos de Latinoamérica (OLAS). Me reía de lo descerebrado del escritor de esta novela. Dice que, por sus inexperiencias políticas, perdieron el control de sus vidas y murieron ignorando la forma de cómo fueron utilizados. Son barbaridades que uno lee de los enemigos de la revolución cubana y quienes tuvieron el valor que sus detractores no tuvieron ni tendrán aún si tuvieran mil vidas para hacerlo. En la página 317. Refiriéndose a Amaury que había dejado a su noviecita en los Helados Capri para unirse a una manifestación en la calle Espaillat usa el término cabezas calientes que usaban los recalcitrantes de la época. Peor aún. Dice: "la pasión de él convertirse en otro Fidel Castro le había obnubilado la razón. El espejismo de ese dictador ateo comunista y disociador le había resultado demasiado fascinante". Descarga su anticomunismo, su odio por quienes tuvieron el valor de arriesgar sus vidas por la liberación de sus pueblos que él jamás tendrá el coraje ni la dignidad de asumir por su pueblo. Creo que usa su condición de "escritor" para vestir su veneno. Con esta novela no se reivindica las memorias de Los Palmeros, ni de los que con honestidad abrazaron el camino de la liberación del país. Los enemigos de la decencia usan todo tipo de disfraz.

Mi hija, yo esta historia o hechos históricos los conozco muy bien. Parte de los miembros de mi organización pertenecimos a Los comandos de la Resistencia. Hicimos muchos trabajos de propagandas políticas e incluso a la llegada de Caamaño yo estaba supuesto a integrarme a la guerrilla urbana y las órdenes de acciones como quemar gomas, poner bombas en lugares estratégicos, enfrentamientos bélicos, todas las acciones distracción de las fuerzas militares...nunca llegaron. El día que llegó Caamaño. 3 de febrero de 1973 nació mi hermano pequeño. Sonrió con una sonrisa como ida a ese tiempo y se quedó pensativo. Al volver en sí dijo: yo le puse su nombre. Amanecí esperando la orden de irnos a la capital, a no sé dónde a poner bombas y otras acciones por toda la ciudad para contrarrestar las fuerzas represivas. Hay muchas imprecisiones. Bueno, con enemigos así no se necesitan amigos; sus bajas intenciones disfrazadas de buenas.

Al instante llegó el abuelo con su hija la madre de Emiliano que había heredado todo lo de su padre en su juventud. Era una bomba de tiempo con la mecha muy corta. También llegaron los padres de Angie. Seguido el abuelo de Emiliano le dijo: ustedes tranquilos, a su hija no le pasará absolutamente nada. Lo dijo con la autoridad que lo caracterizaba. Habían llegados tan preocupados que no se habían percatado que Mister Patrick y su hija Amy estaban. Al verlos, el abuelo se acercó a su amigo y cliente de hacía años, lo abrazó y se disculpó por no haberse percatado de su presencia. En seguida fue dónde Amy y le dijo: mi hija bella, este no es lugar para ti. siempre estaré agradecido por su solidaridad. Mister Patrick hizo un aparte con el abuelo de Emiliano. Le dijo: vamos a resolver esto de esta manera: hay que mandar a esa muchacha (Angie) a su casa y cuando localice a mi primo le voy a solicitar que mande a dormir a Emiliano a su casa y que regrese temprano mañana y pelearemos legalmente esta situación. Estoy de acuerdo. Ojalá y el corrupto del capitán Gallagher no se oponga. Hemos tenido enfrentamientos ambos con él. Ese es un hijo de puta. No creo que lo haya parido una mujer. Bueno, Patrick...los hombres no paren...fue una mujer. Se rieron a carcajadas. Creo que tuvo mal parto. Quizás es una gran mujer. Sucede que buenos padres tienen hijos malditos como ese desgraciado. Tú y yo somos afortunados que tenemos hijos decentes y esposas admirables. Muy cierto, hace unos días les hablaba a mis hijos de eso precisamente. Sabes algo, creo que eso es cuestión de los genes. Si uno busca en los antepasados encuentra que abuelos, bisabuelos fueron malas gentes y los hijos heredan esos males. Te vas a reír de lo que te voy a decir. Fíjate en el presidente de Los Estados Unidos. Donald Trump. Bueno, ahora hay que cambiarle el nombre por Pinocho. Le han comprobado 20,000 mentiras en los casi cuatro años que lleva como presidente. Su abuelo, fue un delincuente. Proxeneta, ladrón, criminal. Tenía como dicen: la cuarenta en brica. Mira ahí viene el capitán, con que nos vendrá ahora. Gentlemen (caballeros), permítanme unos minutos .Disculpen. Hemos tenido unas discusiones indebidas. Comprendo que ha sido por la situación por la que están atravesando. Bueno, voy al grano. No he encontrado complicidad de esa joven en este incidente y aunque es decisión de los superiores, esa joven debe irse a su casa y si esta situación se va más lejos entonces ella tendrá que ir ante un juez a atestiguar los hechos. El joven sí debe quedar arrestado. En seguida el abuelo de Emiliano le dijo ni loco acepto eso. Mi nieto duerme en su cama hoy y yo lo traigo bien temprano mañana. Disculpe, las cosas no son como uno quiere. La ley es la ley y hay que cumplirla. La risa del abuelo y Mister Patrick no se hizo esperar. ¿Y tú la cumple, tú la cumple Gallagher? ¿Qué ustedes tienen en contra mía ? Me ofenden, me acusan sin pruebas y hasta amenazan con internal affairs. Yo sólo estoy tratando de ayudar.

Mister Patrick se sonrió y le dijo: ¿y cuántos dólares espera por eso? Yo puedo darte sólo una comida y sin bebida...el abuelo se río a carcajadas y todos se voltearon a ver qué sucedía. Esos señores no eran fáciles. Le estaban jodiendo la vida al corrupto del capitán Gallagher. Entonces, entréganos a Angie ahora y veremos cómo se resuelve lo de Emiliano. ¡Ah! ¿Hay alguna información del hospital del estado de ese señor? No hemos llamado aún. Y cómo saben que ese maldito tiene una contusión cerebral si no existen pruebas médicas. Dijo Mister Patrick con mucho énfasis. Tráenos a esa joven, antes que nada. Hay que llenar unos requisitos legales para que ella los firme y entonces proceder a su libertad. Amy y la madre de Emiliano habían salido a comprar café y sándwiches. La noche se había estropeado para todos. Llegaron y en ese instante venía Angie que ya había cumplido con todos los requisitos para su liberación; quien empezó a llorar y decir que se sentía responsable por lo sucedido. Ambas, Amy y la madre de Emiliano la abrazaron buscando tranquilizarla. Le ofrecieron

sándwich y café. Ella les dijo que no tenía hambre. Solo un frío inmenso en su estómago. Quisiera morir. Tranquila mi hija le dijo la madre de Emiliano que la quería para esposa de su hijo. Se había ganado el corazón de la familia con su dulzura y buena educación. Era una joven muy bien criada. Más que por sus estudios universitarios, que era una excelente estudiante. Con un promedio que de seguro será Summa Cum Laden. Tomó el café y le dio las gracias. El abuelo hombre de gran sabiduría les dijo: ustedes váyanse seguido a la casa. Nosotros vamos a resolver lo de Emiliano más tarde.
Una señora que estaba sentada en un rincón estaba observando la situación. Se acercó y le dijo. Disculpen, ustedes que son personas importantes necesito que me ayuden. Mi hijo es un muchacho trabajador. Había una redada de narcótico en mi barrio y ustedes saben cómo tratan a los pobres jóvenes de los barrios. Nosotros somos pobres y vivimos el día a día ni para cenar tenemos la mayoría de las noches. Amy, rápidamente dio su sándwich y el café de su padre. Señora tome. Cómase eso. Le pasó

a su padre el que ella había
empezado a tomar. El abuelo, dijo
en voz que retumbó en todo el
precinto: maldito sistema, maldita
corrupción. estos malditos corruptos
olvidan que son hijos de una mujer,
que vienen de abajo, que si
hubiesen venidos de familias
acomodadas no fueran policías.
Ahora maltratan a sus propias
gentes. Yo espero no morir sin antes
vivir con otro sistema. Él nunca
ponía dinero en su cartera y de su
bolsillo sacó y le pasó a la señora.
No señor, por favor no, yo sólo le
solicito que me ayuden a que
suelten a mi hijo. Se lo juro que es
un muchacho que estudia y trabaja.
Nuestra desgracia es ser pobre,
pero somos personas decentes.
Veremos si la podemos ayudar
señora.
El abuelo le empezó a explicar a su
viejo amigo Mister Patrick de su vida
después de haberse jubilado con
tanto entusiasmo que su rostro
resplandecía como el sol del verano
más brillante. Con jocosidad le habló
de la presión de levantarse
temprano y viajar por tantos
pueblos, las situaciones singulares
de cada cliente y las últimas
presiones de los supervisores que

por envidia y sus incapacidades molestaban. Río a carcajada de tener que estar vestido de monje todo el tiempo. Saco, camisa blanca, corbata, zapatos limpios y bien peinado. Se paró del asiento y le recordó que una vez le había sucedido algo muy peculiar. Fue un viernes a recoger un pago en la cuenta principal de una de su cartera de clientes. Estaba en camisa mangas cortas que le habían regalado del día de los padres. Casi nadie lo reconocía. Subió a la oficina y la encargada de la contabilidad que eran muy amigos (Annette) además de inteligente y ser muy profesional en una conversación muy amena le dijo que se veía muy bien vestido así. Riendo le dijo que había hecho sátira con él. Varios años atrás hubo un calor tan asfixiante que ni los aires acondicionados funcionaban y yo andaba con el saco puesto a pesar de estar sudando y hasta cantó una canción que dice: por qué no te quita el saco y el coro respondía. Porqué tiene la camisa rota. Claro, siempre andaba con camisa impecable y todas las mujeres decían que era un hombre bien

cuidado. Debe tener una esposa
que lo cuida como si fuera su Dios.
Viví trabajando muy duro para criar
a mis hijos. Ahora disfruto los nietos
que hacen lo que mis hijos no
hicieron. Me relajan...más cuando
pronuncio algunas palabras en
inglés con mi acento. Déjame
decirte que hasta el nieto más
pequeño me fastidia la vida, pues,
me viene a explicar cómo hacer las
cosas. Pero, es lo que más disfruto
de mi retiro. Mi segundo nieto que
es mellizo es muy bueno en el
fútbol. No me pierdo un
entrenamiento y mucho menos un
juego. Me conocen por mis
voceaderas a pesar de no saber
nada de fútbol. Imagínate, ni de
béisbol a pesar de ser dominicano.
Viajo sin ninguna preocupación y
con la frecuencia que deseo. Antes
tenía que esperar las vacaciones y
dejar los clientes bien surtidos por si
mi sustituto era un novato y
arruinaba todo. La verdad que ahora
siento la libertad que nunca tuve.
Tuve un cliente que siempre anda
de viaje. Ahora lo comprendo. A
cierta edad hay que ser egoísta y
pensar un poco en uno. Cómo dicen
que venimos a este mundo desnudo
y desnudo nos vamos. Acumular

fortuna y no disfrutar las cosas
buenas de la vida es el gran error
que muchos cometen. Amigo mío.
Con esta tensión de esta noche creo
que me cogeré unas vacaciones. Te
invito. Podemos ir a Istanbul.
Nosotros tenemos ese viaje
planeado. Con esto del coronavirus
lo hemos tenido pospuesto. Ese es
un viaje interesante. Empezando por
las escalas que haríamos:
podríamos volar desde Boston a
Canadá. Canadá a Ginebra, de
Ginebra a Istanbul. Hemos pensado
hacer el viaje por nuestra propia
cuenta sin usar agentes de turismos.
Tenemos nuestro propio itinerario:
visitar (1) Eminem, la ciudad
amurallada de Constantinopla,
capital santina cuerno romano.(2)
Santa Sofía, (3) La mezquita Azul,
(4) El gran bazar, mercado más
grande del mundo. Con 600 años de
historia. Con 60 calles y la principal
llamada "Calle de Oro". (5) Puente
Bósforo (Bosphorus), en turco
Bogazici Koprusu. El primer puente
en unir los dos continentes, Europa
y Asia. Su atractivo es que es la
conexión de la parte asiática con la
europea. (6) Puente de Gálata, (7)
Disfrutar un crucero en la noche.
degustar su Gira (comidas). ¡Ah!,

podría aprender de sus platos e integrarlos a tu menú. Tu vecindad ahora tiene nueva composición y ellos son parte de ella.
(8) La Torre de Gálata.
Un viaje que considero muy interesante. Yo espero poder comprar un bastón que sea atractivo, único. Planeamos hospedarnos en un lugar estratégico. Posiblemente en el tren podremos ir a la mayoría de los lugares y ciertos lugares en taxi. De regreso hacer escala en Ámsterdam por cuatro horas. Podríamos salir del aeropuerto por buen momento y comer fuera del aeropuerto o vernos con algún amigo que no nos haga perder la conexión. Hasta quedarnos por un par de días y pasear por Holanda. Mister Patrick estuvo escuchando con detenimiento todos los detalles con tanta atención que se transportó y cuando el abuelo quedó en silencio. Le dijo: Te soy sincero, con razón fuiste para mí el más profesional vendedor que he conocido. Acá sentado me hiciste viajar desde Boston, Canadá, Ginebra, Istanbul, Ámsterdam, Canadá y regresar a Boston. Tiene una magia en tu personalidad y forma de transportar

a uno a un mundo de ensueño...a puro esfuerzos he ido aprendiendo español. Te voy a contar que en tiempo atrás leía una de tus publicaciones y una de tus seguidoras te llamaba "Mago" en uno de tus escritos...en otro de "Encantador de serpientes". No comprendí y llamé a uno de los muchachos hispano y le pedí que me leyera y explicara qué quería decir esa señora. Me explicó lo de "mago". le dije, me interesa lo de "encantador de serpientes". Empezó hablando de Adán y Eva. La foto que supuestamente aparecen en el Edén. Eran inocentes, tan inocentes que hasta desnudos estaban. En ese retrato aparecen desnudos... pero, también aparece una serpiente y una manzana que representa el fruto prohibido que Adán no debía comer. Las serpientes según las fábulas son indomables. Creo que esa señora quiere decir que enamora a mujer que son difíciles de conquistar como ella que se siente enamorada de ti o de sus letras. Me ha convencido de que hagamos ese viaje. Fíjate que todos solo hablan de Dubái y Francia. Tú siempre con otras novedades. La verdad que es muy interesante. Desconocía que Turquía fuera un país de tantos atractivos: los 18 enclaves de Turquía considerados lugares Patrimonio de la Cultura de la humanidad. Los rostros del trono que consta de 316 piezas, entre ellas el "Tratado de Kadesh". El primer tratado de paz conocido en la humanidad. Piezas prehistóricas. El aeropuerto de Istanbul consta con un museo como los aeropuertos de San Francisco, California, EE. UU. y el de Ámsterdam. Vamos a coordinar bien todo. Tendré que dejar todo listo en el restaurante; me gustaría llevar a mi hija Amy, se merece un viaje así. Ella es muy buena estudiante y trabaja muy duro para que el negocio siga a flote con esta pandemia. Ahora es un buen momento para tomar unas vacaciones.

La señora del hijo preso injustamente volvió a donde ellos. Esta vez llorando desesperada. Las horas pasaban y nada le habían informado. Pensaba que quizás lo habían golpeado como era la costumbre de los policías, racistas y antihispanos que se han dejado arrastrar por las locuras del presidente. Las muertes de George Floyd y Breonna Taylor; 12 afroamericanos asesinados por manos criminales de policías supremacistas. Las protestas de ciudadanos de todas las razas y edades no han sido lo suficientemente ponderadas para los cambios exigidos. Los asesinos de Breonna Taylor no fueron ni siquiera juzgados por el asesinato de ella. Black Lives Matter, es el movimiento que dirige las protestas en todos los Estados de los Estados Unidos. La división es cada vez más profunda y cada vez más violenta.

Ellos querían resolver su problema que era algo que podía tomar la peor dirección. Tenían el deber humano de ayudarle a ella con su problema. Apareció un oficial que por sus libras demás y esperando su retiro. Le habían asignados trabajos de oficinas. Su barriga era tan grande que parecía estar embarazado de un elefante y quién sabe cuántos años de embarazo tenía... Al parecer tenía unos veinte años con esa enorme barriga. Su respiración era forzada y de cuando en cuando tocia con cierto esfuerzo. Diferente a los perros Pitbull que

eran muchos otros que las
humillaciones de los superiores sus
resentimientos buscaban vengarse
con los ciudadanos que la vida los
ponía en desventajas en una
sociedad voraz donde el ser
humano no vale por sus valores y
todo lo determina sus bienes
adquiridos. Las clases sociales cada
día más marcadas. La vanidad que
a ojos de gente con personalidad
débil se confunden con las
apariencias y como dijera una vez
un humilde hombre de campo con la
sabiduría del intelectual de la calle:
Esos hombres de saco y corbata.
los de cuello blanco, son los
ladrones más grandes. Abusadores
de niños, enfermos sexuales de
doble moral, doble vida. Son los que
hacen las leyes siendo carentes de
integridad moral. Jueces corruptos
para dictar sentencias, encarcelar
inocentes solo por sus apariencias
por sus vestimentas que la pobreza
no le permite una con sus colores y
condiciones de nueva; secadas al
sol que le destruye los colores;
aunque limpia aparentan trapos
viejos. Ese es el mundo del excluido
que por duro que trabaje y produzca
riqueza para su patrón. Duermen en
un catre viejo y su estómago por lo

general vacío. Sus tripas tocan sinfonías con el director de orquesta que es el Estado de Derechos fallido.

He decidido estacionar mi cerebro en la locura de un mundo mejor. Las guerras de las potencias no deben continuar destruyendo el mundo. Humanos y Medio Ambiente no deben sus blancos como si fuéramos sus juguetes. La exclusión medio de dominio y división. Dijo el abuelo con mucho pesar.

Por fin aparece un ser humano con identidad con los suyos y le pone fin al encarcelamiento injusto de un pobre diablo que trabaja y estudia con la esperanza de lograr un día sacar a su madre de la maldita pobreza y las amenazas de humillaciones. Este oficial se ha puesto en los zapatos de esta señora llena de sufrimiento. Le ha liberado a su hijo. Ella al verlo lloraba de alegría, lo besaba, no encontraba qué hacer. Emiliano aún no tenía la misma suerte y seguía detenido sin saber si la noche nunca amaneciera para él.

Mister Patrick le dio su tarjeta para que fueran a cenar a su restaurante, diciéndole que avanzaran que en unas horas la cocina del restaurante la cerraban. Salieron dando tantas gracias que se le olvidó su ligero abrigo. Tuvieron que salir a alcanzarlos para entregárselo. Llegaron al restaurante tan alegres de que personas que ellos creían que eran superiores por su status social los habían ayudado no solamente a que su hijo saliera del cuartel de la policía, sino también regalarle la oportunidad que tuvieran una buena cena que nunca habían tenido esa oportunidad de ir a un lugar tan distinguido como ese. Comentaban entre sí que no todos los ricos tenían mal corazón. Que quienes eran resentidos sociales eran los que proviniendo de padres ricos habían sido maltratados, humillados por inútiles o eran bipolares y los que habían adquiridos fortunas quien sabe de qué manera menos bien logradas eran los que maltrataban y usan su poder para abusar de los desafortunados en la vida que como si fuera un castigo padecían todas las vicisitudes desde las enfermedades, vivir en la insalubridad, apenas comiendo y las mayorías de veces sin poder llevarse un bocado a sus bocas de comida. Hogares que los ratones juegan extra-inning en los fogones y por lo general son tan extendidos que llegan al otro día y la caridad de los buenos vecinos salva el juego del estómago hambriento. Las estadísticas son aterradoras: 1.300 millones de personas viven en la pobreza total. Carecen de agua potable, electricidad, sin alimentos asegurados. 736 millones de personas, es decir, el 10% de la población mundial sobrevive con 1.90 dólares, menos de 2 dólares por día. Pobreza extrema. En Nigeria dónde más se acentúa y luego en la India. Millones de seres humanos mueren de hambre mientras las grandes potencias en una guerra absurda del dominio nuclear y viajando a la luna y los pobres de la tierra en guerra contra el fantasma del hambre y las enfermedades que esas mismas potencias propagan para que las farmacéuticas cada día aumenten sus fortunas. La paradoja del mundo. Los países con riquezas naturales son los de mayor pobreza por los saqueos de las potencias. La eliminación de parte de la población mundial es un hecho. La sífilis en los 1946-1948 en Guatemala donde los Estados

Unidos en sus experimentos. Aberrante fue esta inoculación (es inyectar una vacuna para inmunizar) en este caso fue para infectar. Disque para la comprobación de la capacidad de prevención de la penicilina. Mal contados 1.500 guatemaltecos fueron infectados con sífilis, gonorrea y otras enfermedades de transmisión sexual que a la vez infectaron a miles de miles de otras personas. La epidemia del Ébola 2014-2016 en Guinea que se extendió por los pueblos del África: Nigeria, Senegal, Liberia, Sierra Leona y fuera de control por Estados Unidos, Reino Unido, España y Mali. Matando a 230.000 personas. El coronavirus según las estadísticas existe 40,1 casos de contagios y 1,1. Millones de personas muertas.
La fiebre española tuvo 5 millones de muertos. Esta pandemia en su rebrote sin las medidas debida será tan destructora como la fiebre española y solo por las guerras destructoras entre China y Los Estados Unidos donde los EE. UU. han llevado la de perder. Un virus fuera de control, una economía herida de muerte y un futuro político incierto. Como dirían los creyentes

católicos: a Dios que los coja confesados. Un Donald (Drump) Trump racista, lleno de odio, en rebeldía hasta con el mismo. Se cree que está muy enfermo y a sus 74 años, endeudado, sus negocios a la derriba, con el enemigo de los norteamericanos detrás, los impuestos y los demócratas por llevarlo a la cárcel. Del otro lado su contrincante Joe Biden, con 78 años que se le olvidan las cosas, se duerme a la primera oportunidad y atacado por la corrupción de su hijo y sus negocios en Ucrania y la ligazón con Hillary Clinton que Vladimir Putin no le perdona y busca venganza en las derrotas electorales de los demócratas. Así anda el devenir político de los Estados Unidos que muchas ya creen que Donald Trump será derrotado con un margen mínimo de un 10%. Hay un poema que denuncia a las lacras política mundial.

Matadores de vida

La humanidad metida en el túnel de
la oscuridad. Los líderes políticos
del mundo sus riquezas quieren
controlar: reparto del petróleo, gas,
tráfico humano y órganos, tráfico de
drogas. El agua de Libia se quieren
robar.
Eliminar parte de la población
mundial con infecciones
contagiosas: sífilis, el sida (VIH),
como nueva novedad el coronavirus
que ha hecho pandemia en más de
140 países mantiene aterrorizados y
encerrados en sus casas a millones
que tratan de evitar el contagio,
pues las cifras de infectados y
muerte aumentan cada día más.
Los avances de la ciencia, avances
tecnológicos que han llegado a
clonar humanos y animales
cuestionando a Dios.
Viajes a la luna, inventos de armas
de destrucción masiva, drones,
teléfonos inteligentes, cirugías con
avances sorprendente. Más no una
vacuna que se logre con la
necesidad de la pandemia.
Los líderes políticos y los líderes
religiosos de espaldas a los
oprimidos sólo se confabulan por su
bienestar. Ambos persiguen el

control humano sin arriesgar
riquezas ni sus espacios. La
paralización de las economías
ningún rico la pagará. Los religiosos
que también poseen riquezas a
ningún pobre ayudarán. Las grandes
inversiones y bancos de iglesia
católica, el papa a servicios de los
pobres pondrá.
En nombre de un falso: ambos son
matadores de vida.

De Oscar Mieses.
Poesías sin Geografía página #63

El papa Francisco y sus
declaraciones últimas de los
derechos de los homosexuales
buscando conquistar; se podría
decir lo conquistado de toda la vida
de la iglesia católica. Pues, los
homosexuales más dañinos siempre
han sido los curas pedófilos,
abusadores de niños…debiera
plantear el matrimonio entre los
curas homosexuales que viven
reprimidos. Eliminar el machismo y
liberar a las monjas del esclavismo
que han sido sometidas. ¿Por qué
las monjas no pueden oficializar
misas? La hipocresía es extrema.
Olvida que los tiempos de los

espejitos no existen. 50 años atrás hubiese sido importante esa declaración. La comunidad LGTB ya no necesita de la iglesia católica. Necesitan legisladores, jueces homosexuales que los apoyen con las leyes que persiguen conquistar. Si la iglesia católica a través de su máxima autoridad el papa Francisco, está a favor de la convivencia normal de los homosexuales. ¿Por qué se opone a las tres causales del aborto?

La situación de incertidumbre en el cuartel de la policía seguía igual. No se sabía de la condición del necio busca pleito. La espera, las horas avanzaban. Ellos: Mister Patrick y el abuelo decidieron ir al hospital para comprobar la gravedad de ese individuo. Camino al hospital recordaban la época de oro de los negocios. Los márgenes de ganancias eran mejores y los medianos negocios eran garantes de prosperidad en sus comunidades. Las grandes corporaciones habían aparecido para hacerlos desaparecer y sólo los viejos y fieles clientes continuaban apoyándolo. El mantenerlo

operando se hace cada vez más
difícil. Los gastos de operaciones
son cada vez más elevados y las
demandas prosperan con mayor
facilidad. Continuaron su tertulia
toda la trayectoria y muchas
anécdotas hubo. Para alegrarles un
poco la vida sonó en la radio la
canción de Ben E. King, un bello
Blues. Stand by me (Quédate junto
a mi) que Grandpa Elliott
inmortaliza.

Stand by me
(Quédate junto a mí)

Cuando la noche haya llegado
y la tierra esté oscura
y la luna sea la única luz que
veamos,
no, no tendré miedo
oh, no tendré miedo,
mientras tu estés, estés conmigo
(me apoyes).

así que cariño, cariño,
oh, quédate conmigo, quédate
conmigo.
Quédate conmigo

Si el cielo hacia el levantamos la
vista se derrumba y cayese,

o si la montaña se desplomase
hacia el mar,
yo no derramaría una lágrima
mientras tú estés conmigo, estés
conmigo.

Así que cariño, cariño,
quédate conmigo, oh, quédate
conmigo, oh quédate, quédate
conmigo.
Quédate conmigo
(bis)

Siempre que estés en problemas,
te quedarás conmigo.
oh, quédate conmigo
oh, solo quédate conmigo, oh,
quédate.
Quédate conmigo.

Llegaron al hospital la emergencia
estaba hecha un caos. En la
estación de la enfermera también
había una situación de nervios.
Había sucedido lo inesperado y muy
poco usual. Una de las amantes del
susodicho individuo necio se había
encontrado con la esposa
escenificando una pelea y la esposa
había sido herida con una tijera de
cortar gasas. Incidente poco común

en un hospital donde se van a ver
los enfermos no a crear problemas.
Ahora se suma una situación más a
la desgracia.
La policía había impedido todo
acceso a esa área. Su presencia se
impuso y se informó que la situación
del lesionado no revestía peligro
visible y que esperaban los
resultados de los estudios que
habían hecho. En apariencia se
encontraba perfectamente de su
estado de salud. Su complicación
era con su esposa. Arriesgando la
vida de ella con una amante violenta
que no medía cuál era su lugar
frente a la esposa.

La esposa había perdido mucha
sangre y la herida al parecer afectó
algún órgano. Los doctores estaban
en el quirófano luchando por salvar
quién sabe si un órgano o la vida a
una esposa que tratando de estar al
lado de su esposo se encuentra con
la frenta de una amante del hombre
que ama.
El padre de sus hijos que lleva una
vida desordenada. Haciendo cosas
ilegales. Sólo una persona
inhumana puede dedicarse a vender
drogas.

Un narcotraficante cada vez que conquista un cliente para sus negocios sucios es una familia que destruye.
Esa persona pierde sus valores morales y por conseguir para endrogarse roba, se prostituye, pide. Convirtiéndose en un parásito social.
La inversión de los valores de muchos infelices mentales, pobres de principios, faltos de pudor y dignidad ven esas lacras de los narcotraficantes como grandes señores por sus fortunas a costa de la destrucción de seres humanos que se convierten en muertos en nuestras calles. Creando el otro tipo de cementerio de nuestros pueblos.

Venimos adoptando novedades hasta en los funerales de estos inhumanos seres del mal. En ellos no solamente se conjuga las ventas de drogas. Controlan los ladrones de baja monta que viven esperando que los trabajadores honestos de los barrios cobren sus miseros sueldos de hambre para robárselo. Un celular o unos tennis también son blanco de robos que tantas veces terminan en desgracias humanas.

Lo más ridículos son sus funerales que son fiestas extravagantes...beben, disparan al aire; desfiles de motores con cuántos metales que arrastran que el escándalo es ensordecedor y lo peor es que no hay autoridades policiales que los sometas a esos delincuentes al orden. Cierto segmento de las sociedades latinoamericanas producto de las políticas de alienación de sus Estados somete a los débiles jóvenes y hasta viejos sinvergüenzas que viven posiblemente sus últimos años de vida a las drogas para evitar sus cuestionamientos a sus políticas de corrupción...robos a los bienes del pueblo. Cómo contrarrestar estas situaciones es el gran cuestionamiento de todos. Sólo con un cambio radical, que elimine de raíz todos los males. Un sistema que el Estado de Derechos sea garante de un sistema judicial que funcione y sea lo más transparente posible. Una sociedad excluyente y la brecha entre pobres y ricos no sea tan amplia y la voracidad del capitalismo no aniquile a los productores de las riquezas.

La situación dio un giro muy grande. El hecho de no tener mayores daños en su salud y solo estar esperando los resultados de los estudios realizados. De estos estudios no comprobar ningún daño cerebral u otros daños no pasara a mayores en caso de llegar a un juicio que al lesionado no le convendría y menos después del agravante de su esposa y su historial de narcotraficante. Mister Patrick y el abuelo, hombres de experiencias. Como dirían: se las sabían todas sin ser abogados y tenían que actuar rápido antes que amaneciera. Diligenciaron que el jefe de los doctores de la emergencia de esa noche certificara su real estado de salud. El otro dilema era conseguir una copia del certificado, pues, era ilegal obtenerla, pero era la única vía para que su nieto Emiliano lograra salir de la cárcel del cuartel de la policía donde estaba arrestado por haber empujado al super macho que denigró la moralidad de su prometida. El doctor sabía que la petición de ellos era una violación de grado mayor que lo podía poner en una situación muy difícil como profesional. Que podía llegar a perder su licencia como médico. El doctor le aconsejó que lograran que el oficial de turno solicitara una copia del paciente o el detective encargado del caso. Como no había riesgos en darle de alta. Él se cubriría y ellos lograrían sacar del precinto a ese joven. Salieron para el cuartel policial con nueva esperanza. De camino Mister Patrick estuvo llamando a su primo para que fuera él quien resolviera y no el capitán Gallagher que de seguro pondría la salida de Emiliano difícil. Llegaron al precinto y seguido preguntaron por el oficial de día. Este muy complaciente seguido llamó al hospital, pero el doctor jefe de la emergencia estaba con el problema que la esposa del necio narcotraficante se había complicado. Eran las 2:14 de la madrugada y Angie había hecho tantas llamadas, desesperada por la suerte de su novio, igualmente su madre estaba volviéndose loca por la falta de información. Pero la hora de la libertad podía estar cerca. La complicación acechaba al que mal había obrado y mal iba a terminar. Su esposa con un futuro incierto. En otras palabras, entre la vida y la muerte que, aunque no fuera preso por ese otro incidente su amante si

iba a la cárcel por su mal
temperamento al igual que él. Estar
del lado del mal, es terminar
siempre en el infierno, aunque los
buenos no se saben dónde van
porque cuando parten a ese viaje
sin regreso pareciera que los
servicios de comunicaciones allá no
existen. He sido testigo presencial
en funerales que familiares y
cercanos, amigos se despiden con
un hasta luego...ese nos vemos allá
y San Pedro esperando para
interrogar sobre la vida llevada en el
paraíso terrenal. Es de imaginar que
interrogar a un ladrón de baja monta
debe conllevar la tragedia de la
pobreza. El robo de algo que los
ricos tiran a la basura y si es un robo
de una gran riqueza sería algo que
podría ser un buen guion para una
película de gánsteres. Los robos de
pobres son raterías, robos de cosas
insignificantes. Los robos a las
mansiones de los ricos, sus joyerías
millonarias, sus cajas fuertes
repletas de dineros: monedas
nacionales, dólares, euros...son
asaltos. Las fuerzas policiales
movidas por los S.W.A.T. Todos
unos aparatajes de calles
cerradas...expertos en huellas
digitales, fotógrafos y hasta

disfrazados con uniformes que más
que investigadores parecen
astronautas que a muchos mueven
a risas y muchos decimos: "quién a
hierro mata a hierro muere" y esta
es mejor: "ladrón que le roba a
ladrón, tiene cien años de perdón".
El trabajo de San Pedro no debe ser
fácil. Más difícil debe ser cuando le
toca a un narcotraficante que se liga
a todos los tipos de delitos: drogas,
robos, crímenes, sicariatos,
prostitución, degradación del ser
humano en su máxima expresión.
Llegar un borracho de romos que
lambió si es un cuento de largo
metraje y más si es en un velatorio
de un muerto pobre donde los gritos
son con ataques de dolor. El "guay"
no sé queda y menos el rosario de
problemas que les deja a los
deudores, "ese quién". Quién va a
buscar los cuartos de la
comida…quién va a buscar la
comida fiada en la pulpería
(colmado) y ese Tú. Que no lo
dejara ir tranquilo. Compasión con
San Pedro que todas las vainas
tiene que enfrentar…y como dice el
refrán cubano: "ojos que te vieron ir,
jamás te verán volver a ver". Fui el
nieto más querido de mi abuelo y ni
en sueños lo he vuelto a ver. Dicen

que hasta premio dan los muertos...parece que mis muertos creen que yo no necesito ese dinero extra o posiblemente sea por mis ambiciones de querer un premio millonario porque si el amor entra por el estómago. La felicidad de seguro es con mucho dinero y más que mucho. Si al morir lo que se deja es deudas maldicen tanto que no hay rezo que alivien los pecados. Si la fortuna es bien considerada aunque se enfrenten por la herencia; las peleas son tan interesantes que los medios de comunicación le dan seguimientos en los tribunales. Que diferencias tienen las cosas de la vida. Con razón decía mi padre que no era lo mismo morir de hambre que morir por una jartura (perpejía) hartura que ni pasándole una escoba por la barriga evite el exceso de los malestares de ese exceso de comidas. No se aplica: barriga harta, corazón contento. En este caso es desesperación por ser glotón.

La policía ya con el informe de que el lesionado podía irse a su casa empezarían a trabajar el reporte médico. Existía la posibilidad de que el incidente llegara hasta los tribunales. Todo iba a depender de

que como sucede muchas veces
que las lesiones aparezcan en
tiempo futuro o que el afectado la
usaría en su momento como manera
de hacer daño. El abuelo sabía que
era mejor la indiferencia que buscar
en ese delincuente cuál era su
pensar. Las avispas se dejan
quietas, Mister Patrick le dijo. Se
percataron que le dieran de alta. Le
fueron tomando fotos sin que él lo
notara. Cuando desconectaron todo.
No le pudieron tomar fotos
vistiéndose porque les era
imposible. Al llegar a la estación de
las enfermeras con sus papeles en
las manos y habiéndose negado a
usar una silla de ruedas. Ellos
grabaron todo. Documentaron el
mínimo detalle que ni el detective
Sherlock Holmes lo hubiera hecho
con tanto profesionalismo. Al ver
cara a cara a Mister Patrick
confundió su presencia y le dijo:
muchas gracias por venir hasta el
hospital a preocuparse por mi salud.
Le salió lo irlandés y sin titubeos le
dijo: "go to hell" (vete al Diablo). yo
no he venido acá por ti. Estamos
para asegurarnos que estás bien y
no dañe el futuro de un joven
ejemplar. Vete a resolver lo de tu
pobre esposa víctima de todas tus

diabluras. Otra cosa. Por mi negocio
ni te acerques. No eres bienvenido.
El cabizbajo siguió hablando con
una de las enfermeras. Al parecer
ella le informaba dónde se
encontraba su esposa que estaba
en el quirófano. Dos policías
llegaron apresurados y le
preguntaron por su nombre e
inmediatamente se lo llevaron
esposado en calidad de preso.
A ambos eso no les gustó. De existir
acusación del Ministerio Público por
desorden, comportamiento indebido
en la vía pública, Emiliano
amanecería preso. Ellos siguieron a
los dos policías. Llegaron al cuartel
de la policía y el oficial de día para
seguir las reglas sin cometer errores
sometió a ambos a declaraciones.
Los interrogatorios por suerte no
fueron prolongados y a ninguno de
los dos le era conveniente la
situación. Al abuelo ver su nieto salir
de donde lo tenía detenido lo abrazo
tan fuerte que era como si llevara
años sin verlo. Su amor, su
admiración y respeto tan grande que
Emiliano le dijo: abuelo,
perdóneme. Debí controlar mi genio.
Ese hombre pasó mis límites, usted
me ha enseñado que las mujeres se
respetan. Ese patán me faltó el

respeto y se mostró más hombre que todos los hombres. Eso me sacó de mis casillas y eso que fui controlado hasta donde pude que sólo lo arrempujé. Controle mi genio. Debí patearlo a ese maldito como un animal que es. Sólo se llevó el susto de no saber de él por un buen momento. Un día aparecerá alguien que espero no ser yo que lo mande de viaje sin regreso.

Como dicen los creyentes en la suerte. Se salvó de una paliza o la muerte porque usted no estaba. Usted vive como los curas dando consejos, pero no ha cambiado su genio de joven. Sigue teniendo la mecha corta en ese tipo de situaciones. Con usted hay que ser rápido. Usted actúa y luego vienen las explicaciones y disculpas que ni usted se las crees. Cuando recuerdo sus anécdotas me rio solo. No son los hechos que narra. Es la manera como las cuenta; sus picardías son las que las hacen diferentes.

Mi abuela dice que ninguno de los hijos de mi bisabuelo se parece a él tanto como usted. Creo que mi bisabuelo era como los ratones. Silencioso, pero tenía todas las mujeres en su trabajo y la vecindad. Que él era de estatura normal y mi abuelo más alto eran sus diferencias. Ahora el abuelo anda como los gatitos...ni mira en apariencia a ninguna mujer. Mister Patrick, discúlpeme doblemente, por el incidente en su establecimiento y la preocupación causada. Le agradezco infinitamente su identificación y más aún su amistad con mi abuelo que sé que es una de las pocas amistades que tiene con sus exclientes. Siempre dice que no le gusta ir a los restaurantes donde tuvo negocios. Los dueños le comentaban que muchos de sus ex compañeros de trabajo iban a esos restaurantes para tomar ventaja. Una vez tuvo un supervisor que fue a una de sus cuentas con su esposa. Comió y bebió y se fue sin pagar. Al siguiente fin de semana siguiente regresaron y con la misma actitud intentó hacer lo mismo. El hijo del dueño estaba al acecho y ya en la puerta para irse se llevó la sorpresa que no solamente le cobrarán la cuenta de esa noche, sino que también la anterior se la tenían guardadita. Ese bandido le dijo que pagaría luego y el hijo del dueño muy enérgico le dijo: nosotros pagamos a tiempo y que si su compañía quería que le eliminaran

la línea de créditos y que el lunes
llamarían a las oficinas a reportarlo.
La esposa avergonzada,
disque...sacó su tarjeta de crédito y
pagó ambas cuentas. Las
exoneraciones de las cuentas o
tragos gratis no iban con el abuelo.
Siempre quería pagar el solo. Mi
abuela dice que por parejero no
tenía nada. Creía que no era de
hombres que le pagaran cuentas.
Había sido criado en una sociedad
machista donde los hombres tenían
esa mentalidad. Aún es vigente esa
mentalidad arcaica. Era otra de las
herencias de su padre.
El orgullo del abuelo era su don.
Nunca regateaba precio. No parecía
haber sido comerciante ni vendedor.
Su argumento era que cada quien
era dueño de su mercancía y le
ponía el precio que le daba la gana.
Quizás eran erradas sus
concepciones. Yo quería heredar
hasta sus debilidades. Aparentaba
un hombre de temperamento fuerte;
pero era de muy noble corazón.
Hacía honor a su signo zodiacal:
leo. Lo que más me gozo es cuando
dice que es un pavo real. (En la
India es donde más pavo real
existen). Exhibe su elegancia, pero
no con cualquiera se enreda. Mi tía

que es un caso le dice que fue tan mujeriego que ni plumas le dejaron y que ya canta como un gallito quiquiriquí. Las cosas de mi familia son de locos. Ya no lo respetan. Cuando eran niños a pesar de lo cariñoso que siempre ha sido; no se atrevían a relajos con él. En la mesa el silencio era muy ceremonioso.

Hemos agotado mucho tiempo en este cuartel de policía que hiede a desgracia, el aire es tóxico. Todos tienen un cuchillo en la boca. Salieron con alegría y olvidando el mal momento vivido. El abuelo le dijo: Emiliano llama a la familia y dile que ya estás libre y a tu novia Angie también. Mister Patrick propuso reunirse en el restaurante todos...el abuelo dijo, pero es muy tarde. Bueno...esta noche no tendrá amanecer. Yo me he llamado a reflexión con este accidental encuentro nuestro y desde ya empezare a vivir los años que me queden. Y como tú dices: nadie carga en los bolsillos nada que especifique cuando nos despedimos de este mundo y menos de qué manera. Es muy cierto. Ni la ropa que a uno más le gusta le ponen. Algún hijo la quiere de recuerdo.

Llegaron al restaurante donde ya todos se habían ido por la hora. Pero la noche no iba a amanecer. Ellos continuarían como cuando empezó. Abrieron y seguidamente las botellas de brandy, tequila, vino y copas no se hicieron esperar. Nunca había sucedido algo parecido. El negocio nunca se había abierto en sus 40 años de existencia para que se reunieran amigos para celebrar ningún tipo de celebración. Empezaron a llegar todos y el abuelo muy pausado observaba todo. Su hija le dijo: si no fuera por ti que fuera de nosotros. Se río y le dijo: nunca ha escuchado la canción del argentino Sandro, La vida continua. Recuerda hija: no nací para semilla...todos rieron. Papi, abuela murió a los 90 años. Eso fue ella, le contestó. Le faltó sólo llevarse a la Reina de Inglaterra. Yo no fui también comido como ella. (alimentado). Ella se alimentó con alimentos orgánicos de verdad. Sin empaques ni etiquetas como exhiben ahora. El aire era puro. Ahora hasta el mal olor de la marihuana contamina. Muchas veces pienso en eso que los indígenas fumaban unas hierbas raras y se alocaban...y me da risa.

Hasta con eso han tratado de denigrar sus valores morales. Ahora usan cuantas drogas y son señores y dirigen las naciones. Yo sólo quisiera vivir los años en que esté lúcido y me pueda valer por sí mismo. No quisiera abandonar este mundo sin que el sol brille con su intensidad para todos; y todos tengamos la oportunidad de ser incluidos en la sociedad.

Los padres de Angie y ella llegaron por fin. Las dos tías de Emiliano y sus dos tíos cercanos, pues, su tío padrino vive bastante lejos. Los abrazos y alegrías eran el ambiente a diferencia de los del cuartel de la policía. Brindaban sin imaginar la sorpresa del encuentro. De repente con los sonidos que iban a derribar la puerta. La policía en su patrullaje de rutina había visto que las luces del restaurante estaban encendidas y no era usual, ni ver gente entrar. Al restaurante a esa hora. Los policías pensaron que se habían metido. Algo había sucedido. Abrieron la puerta y las preguntas de los policías no se hicieron esperar... el ambiente era festivo, la agresividad era cosa del pasado. Invitaron a los policías a tomar café que apenas empezaban a colar. Las bebidas alcohólicas no la podían consumir por la responsabilidad de su trabajo. Más personas eran testigos de lo que vendría a la familia del abuelo que el corazón no le cabía en el pecho. Más alegría no podía tener. Estaba como un perro con bichos. Siempre decía que mucha alegría no le gustaba porque detrás venía una desgracia grande. En este caso ya había sucedido una sin haber pasado a mayores. Lo acontecido estuvo a punto de llevar a su nieto Emiliano a una cárcel quien sabe por cuántos años. Cuando hay muerte la justicia no condena por quien provocó. Sino por las consecuencias. Las sociedades no permiten muertos en muchos casos. Mientras las investigaciones se consumen. El ministerio público concluye sus investigaciones y los abogados negocian lo que no debiera tener negociación. En ese periodo de tiempo se van mínimo dos años. Entre anécdotas y risas retumbó la voz de Emiliano...Señores, señores y llamó a Angie a su lado. Yo no tengo los anillos del compromiso de matrimonio conmigo. Pero tengo mi inmenso amor conmigo. Quiero pedirle a Angie que fije la fecha para casarnos. Todos creían que el abuelo era el hombre de acero y de acero inoxidable… el abuelo se echó a llorar. Su emoción fue tan grande que no se pudo contener. Su tía más pequeña que se parecía tanto a él con sus bebederas, igualmente su voceaderas en las fiestas; empezó a vocear que se besen, que se besen...Angie muy tímida lo besó. Hablaron de los inconvenientes de la pandemia. Emiliano le secreteo algo a Angie; ella asintió con la cabeza y sonrieron… volvió a hablar Emiliano y esta vez se dirigió a Mister Patrick. ¿Usted y su hija Amy les gustarían ser los padrinos de nuestras bodas? Él respondió diciendo: Amy no está aquí. Yo estoy más que dispuesto. Será un gran honor muchacho, ser el padrino de las bodas del nieto de unos de mis grandes amigos y de una joven como lo es tu novia. Que no se diga más y brindemos por tan emotiva ocasión. Y volvieron a vocear que se besen...que se besen...la noche no la querían dejar amanecer. El restaurante lo habían convertido en un gallinero...esa madrugada el gallo no cantaría. Hablaban a la misma vez todos...pero era muy divertido que

todos contagiados de alegría
hablaran del futuro.
Alguien a esa hora soñaba y un loco
poeta escribía:

Sol de otoño

El sol con su timidez se retira del
horizonte para dar paso a la
oscuridad del otoño. El color
anaranjado del horizonte y las hojas
otoñales se combinan con la
naturaleza para hacer honor a la
estación.

A la vuelta acecha el invierno, el frío
lentamente empieza a aparecer:
botas, abrigos ligeros, bufandas y
boinas o sombreros son la elegancia
de la temporada y el buen vestir
como los variados colores que
visten los árboles.

Pétalos de rosas, semillas de
girasoles, hojas secas que
aromatizan la atmósfera atrae a mi
olfato...Tu piel con su perfume me
invita. como mi mejor musa escribir
un poema que enamore a
románticos uniéndose en amor.

Oscar Mieses

Los sueños, las ilusiones, pasiones
muchas veces o por general son
sufridos por diferentes causas que
fuera de nuestro control hacen
historias con sus anécdotas unas
veces amargas como la sucedida
por el inesperado incidente que un
entrometido provocó. Otras son tan
cómicas y risibles. Que en cada
ocasión de recordarlas nos hacen
reír a solas. Y quienes nos vieran
riendo a solas pensarían que
estamos locos.
"Cada loco estaciona su cerebro,
donde empieza su locura" como dice
la frase de Oscar Mieses

La encantadora noche que no tuvo
amanecer nos lleva a un encuentro
con la realidad del diario vivir y la
división de clases de las sociedades
en un mundo muy desigual que viaja
en una simple lectura de una novela
corta que en contenido se hace muy
larga por sus denuncias de males
sociales que otros escritores no se
atreven tocar.
El mundo debe tener el destino que
las noches amanezcan. Los sueños

sean despiertos porque el Estado de Derechos sea excluyente y no incluyente como hemos vivido desde la aparición de la humanidad.

CONTACTO

Puedes encontrarme en mi correo electrónico y redes sociales.

omieses55@gmail.com

Oscar Mieses

https://www.youtube.com/channel/UC1C8Kqe067UI3nXbj7KMeQQ

https://www.facebook.com/oscar.mieses.9256

9 7 9 8 7 1 0 3 8 0 6 4 2